AF339502

LE HAVRE
EN
1860.
CONTE FANTASTIQUE,
Par Chevalier de Brutelle.

HAVRE
IMPRIMERIE DE STANISLAS FAURE.

1836.

LE HAVRE

EN

1860.

IMPRIMERIE DE STANISLAS FAURE.

LE HAVRE

EN

1860.

CONTE FANTASTIQUE,

Par Lhéritier de Brutelle.

HAVRE

CHEZ JEHENNE, LIBRAIRE,

RUE DE PARIS, 63, EN FACE LE MARCHÉ,

Chez Haumont, Libraire, rue de Paris, N° 21,

En chez l'Auteur,

RUE DE L'HÔPITAL, N° 57.

Il dit :

Que la lumière soit,
Et la lumière fut.

Genèse.

----◆----

Il est des vérités que personne ne conteste, dont l'évidence frappe tous les yeux, et qui, cependant, pour obtenir droit de bourgeoisie parmi les hommes, ont besoin de leur être présentées sous toutes leurs formes et quelquefois sous les figures les plus bizarres.

La nécessité du déclassement de la ville du Havre, ou du moins de l'adoption d'un système de défense en harmonie avec l'intérêt général, et le besoin d'extension qui tourmente cette opulente cité ;

L'embellissement, et surtout l'assain
ment de tous les quartiers de la ville;
grandissement des bassins, qui suffise
peine à l'affluence toujours croissante
navires; et, avant toute chose, l'urgence
travaux qui doivent rendre sûre et comn
l'entrée de ce port, aujourd'hui si diffici
si périlleuse pour la navigation;

Voilà des points sur lesquels tout le mo
est d'accord.

Et pourtant avec quelle lenteur s'opè
les améliorations qui peuvent amener ces
sultats si ardemment, si universellement
sirés!

Grâce au conflit déplorable qui existe er
diverses administrations, dont plusieurs s
en dehors de tout contrôle, on projette be
coup, on exécute peu, et, ce qui est cent f
plus fâcheux, on exécute mal.

Jetez un coup-d'œil sur l'ensemble des t
vaux qui s'exécutent sous nos yeux, et dit

noi s'il ne vous semble pas qu'un génie mal-
aisant préside à cette exécution.

Les exemples viennent en foule pour ap-
uyer cette assertion. Mais il faudrait un
olume pour exprimer ce que tout le monde
ense, ce que chacun ne cesse de répéter.
t puis à quoi pourrait servir une critique
roide et raisonnée? Les choses n'en iront
as autrement. Des voix plus éloquentes que
a mienne l'ont tenté sans succès. Pourquoi
ne flatterais-je d'être plus heureux que mes
devanciers?

Cependant, en relation avec une bonne
artie des habitans du Havre, je recueille
ournellement une foule d'observations dont
lusieurs m'ont frappé par leur justesse. J'ai
enté de les réunir pour les présenter sous un
adre nouveau, dans l'espoir que, peut-être,
lles pourraient se faufiler à la faveur d'un
éger déguisement, et qu'elles ne seraient pas
ans utilité.

En dehors de tout intérêt personnel
des questions de localité, je me suis l
aller à des critiques sans aigreur et qui n
rien de personnel pour qui que ce soit, à
plaisanteries innocentes. J'ai cherché à ne
présenter, dans mon conte, qui ne puiss
réaliser quand tout le monde le voud
comme on doit vouloir pour obtenir.

Le Havre, tel que je le présente en 18
n'est que le Havre tel qu'il peut deve
d'ici à cette époque, si l'élan progressif
le travaille depuis plusieurs années est sa
ment dirigé (1).

(1) Les journaux nous parlaient, il y a quelque tems
la ville de Cincinnati sur l'Ohio. Cette ville n'existait pas
a 40 ans : aujourd'hui elle a une population de plus de 40
ames, qui s'accroît tous les jours. Les voyageurs qui l
visitée s'accordent à nous la présenter comme une des
jolies villes de l'Union Américaine.

Habitans du Havre, est-il besoin de commenter cet ex
ple? Qui sait si l'histoire de Cincinnati ne sera pas bientô
vôtre?

Que les citoyens du Havre comprennent
ne bonne fois tout ce que l'avenir promet
leur belle cité; qu'ils choisissent, en toute
ccasion, pour représenter leurs intérêts, des
ommes dignes et capables, et peu à peu ils
erront s'accomplir mes prédictions.

Citoyen obscur, ma voix est faible et sans
etentissement: je ne puis qu'indiquer de loin
 route à suivre. Heureux si les rêves de ma
lle imagination appellent sur des objets im-
ortans les méditations de quelques citoyens
 haute influence, qui prendront à cœur de
s réaliser. En se plaçant à la tête du mouve-
ent qui nous entraîne vers l'avenir, ils ac-
uerront des droits à la reconnaissance de la
atrie, et trouveront, dans la prospérité pu-
lique, des élémens de fortune et d'honneur.
insi l'américain Winslow, en ressuscitant
ous nos yeux, au Havre, une industrie trop
ong-tems négligée et aujourd'hui une des ri-
hesses de ce pays, a trouvé, dans la pêche

de la baleine, les premières sources de
immense et honorable fortune qu'il em
dans sa patrie. (1)

---

(1) Il n'est personne au Havre qui ne connaisse l'hon
M. Winslow qui, le premier, a donné un si grand dé
pement à la pêche de la baleine dans les mers du Sud
pareils noms se recommandent d'eux-mêmes à la recon
sance publique.

Au moment où j'écrivais ces lignes, j'étais loin de pr
le retour si prochain en France de M. Winslow.

HISTORIQUE.

La bibliothèque du Havre vient de s'enrichir d'un
it volume qui s'est glissé, je ne sais comment, dans
dernier envoi de Paris, et jouit d'une propriété toute
ticulière. A peine en a-t-on parcouru quelques pages,
sommeil vous gagne....... ce n'est pas là l'étonnant : il
long-tems que les ouvrages de MM. tel et tel jouissent
ce privilége. Mais ici la nature des rêves dont l'ima-
ation est bercée offre un caractère assez singulier. Au
 de retracer le passé, ils vous retracent l'avenir.
gt, trente, quarante ans ne sont rien pour la *Folle
Logis.*
C'est ainsi que ce matin, à l'aide du mystérieux vo-
me, je me suis trouvé tout-à-coup veilli d'une trentaine
nnées.

J'étais au milieu de la capitale, que je reconnai[s]
peine, tant je la trouvais métamorphosée sous l'in[fluence]
des chemins de fer qui la sillonnaient de toutes p[arts de]
Bordeaux, de Marseille, de Strasbourg; ..... que [je]

Une autre fois, lecteur, je pourrai vous décrir[e]
les merveilles dont je fus témoin.

Aujourd'hui vous n'aurez de moi qu'une partie [d'un]
rêve. Je me trouvais au Havre en 1860. Etou[rdi au]
milieu des prodiges d'une civilisation rapidement [déve-]
loppée, je racontais à un ami ce que j'avais vu. Vi[vement]
impressionné par le beau spectacle que j'avais s[ous les]
yeux, je tâchais de lui transmettre mes sensations[.]

Voici quelques fragmens de ma correspondance[.]

Lecteur, s'ils peuvent vous distraire un momen[t, tant]
mieux! s'ils vous endorment, tant mieux encore! [c'est autant]
d'épargné pour le petit livre que le savant et resp[ectable]
M. Joubin, notre bibliothécaire, se fait un pla[isir de]
communiquer aux amateurs.

Bonne nuit, lecteur, et puissent vos rêves re[ssembler]
aux miens.

LE HAVRE

EN

1860.

LE HAVRE

EN

1860.

—

FRAGMENS.

—

Tu veux que je te parle du Havre ? eh bien soit....

Lorsque nous habitions ensemble cette ville, quelques années après ce que certaines personnes appelaient alors : *l'accident de Juillet,* rien ne semblait aux yeux du vulgaire lui présager les brillantes destinées qu'elle vient d'atteindre. Un petit nombre de citoyens, plus avancés que les autres, tentaient bien déjà de vains efforts

pour faire comprendre aux Havrais t
le parti qu'ils pouvaient tirer de leur
sition topographique et de leur proxin
de la capitale. Le bon Havrais les reg
dait comme des songe-creux et des u
pistes. Ils parlaient de l'Amérique,
l'Angleterre...... on leur riait au nez,
on leur répondait un : *nous sommes*
France....... qui glaçait toute pensée d
meilleur avenir.

1836.

—

Alors le Havre, à part quelques n
veaux quartiers, ne se composait gu
que de trois à quatre mille baraques
bois d'un aspect plus ou moins inforr
où s'étouffaient vingt-cinq à trente m

habitans, cernés de tous côtés par ces absurdes remparts qui défendaient bien mieux leur grotesque position contre les argumens du bon sens et de la raison, qu'ils n'eussent défendu la ville contre les bombes ennemies. Une triple enceinte de fossés infects était la seule promenade offerte aux malheureux habitans de cette opulente cité.

Le port, où affluaient les navires de toutes les parties du globe, n'avait à présenter aux navigateurs qu'une mesquine entrée, dangereuse par le moindre gros tems. Le chenal, obstrué par d'énormes pouliers, était le plus souvent inabordable, même aux navires d'un moyen tonnage. Quelques cent mille francs dépensés à propos chaque année eussent suffi pour épargner à la navigation des dangers et des naufrages chaque jour plus imminens...... Eh

bien ! on reculait devant cette dépe
qui eût rendu sûr et facile un port
donnait à l'État, annuellement, près
trente millions , rien qu'en droits
douane.

Un pauvre capitaine avait-il franchi
jetées, il avait encore à éviter dans l'av
port le *gril*, placé presque dans la di
tion du chenal, à côté du pont de
Barre. La fréquence des accidens (1) n'
vrait pas les yeux de l'autorité ; et la C
pagnie des Apparaux, tirant profit d
réparation des avaries qu'elle avait oc

(1) Dans le courant de septembre dernier, le navir
Séduisant, capitaine Guignot, après avoir esquivé heur
ment, par un gros tems, les dangers de l'entrée du por
allé se briser sur un des angles du gril. Cet accident,
peut se renouveller, a donné lieu à de vive réclamation
la part du *Journal du Havre*. On a réparé le gril, aux
des armateurs du navire, et il ne paraît pas qu'il soit auc
ment question de lui trouver une place plus convenable.

sionnées, ne ressemblait pas mal à ce chirurgien qui, pour se faire une clientelle, avait disposé des piéges aux abords de son habitation, et offrait ensuite ses services intéressés aux malheureux qu'il avait estropiés.

Dans les bassins, les navires manquaient de place, et l'on ne trouvait rien de mieux, pour obvier à cet inconvénient, que de rétrécir de quelques pieds les deux côtés du Vieux-Bassin-du-Roi.

L'intérieur de la ville présentait les disparates les plus monstrueux. A côté de maisons élégantes, l'œil s'affligeait de rencontrer des chaumières informes ; des ruisseaux fangeux et sans écoulement, même dans les rues les plus fréquentées, laissaient séjourner une eau croupissante et chargée d'immondices ; à peine quelques rares fontaines fournissaient aux besoins des habitans : aux moindres c

leurs elles étaient desséchées; à to

heure de la matinée, dans les rues mên

de ce qu'on appelait les beaux quartie

nous courrions risque de heurter ces i

mondes chariots à sonnettes, qui pron

naient par la ville l'infection et l'ordu

Echappés aux *passa res* de Marseille (

nous avions à nous garer des fatales *se*

nettes (2) du Havre......

(1) Il n'est pas un voyageur qui n'ait connu autrefoi

fameux *passa res* de Marseille. A l'époque où j'habitais

ville, on n'y était guère exposé que dans les quartiers

plus misérables de l'ancienne ville.

(2) On a donné le nom de *serinettes* aux tombereaux

recueillent les immondices dans la ville du Havre ; et ce

rappelle celui de M. Sery, ancien maire, dont l'adminis

tion a été signalée par un grand nombre d'améliorations

marquables. L'établissement de ces tombereaux était,

l'époque, un progrès. Aujourd'hui que la découverte

bitume solide ou *asphalte* permet aux propriétaires d'étal

même dans les quartiers les plus bas, des caves et des fo

entièrement à l'abri de l'infiltration des eaux, on peut s'é

Alors, enfin, le Havre, malgré tous ses élémens de prospérité, était encore, par des causes que nous connaissions bien, mais que nous ne pouvions signaler (nous, chétifs et perdus dans la foule), arriéré de quelques cinquante ans, en comparaison de plusieurs autres villes bien moins importantes, même de France.

Et pourtant le Havre était alors, comme Paris, Marseille et Bordeaux, habité par une population active, intelligente, amie du progrès! On y trouvait, parmi les propriétaires, dans la marine, dans le haut commerce, de vastes connaissances et de hautes capacités!!!!

ner de voir que personne n'ait encore songé à l'utile emploi que l'on pouvait faire de l'asphalte combinée avec le mortier, pour la parfaite dessication des caves.

1860.

Aujourd'hui, en 1860, comme tou
changé de face!..... Des citoyens sages
éclairés, de toutes les classes, arrivés
pouvoir par un de ces hasards heure
qui décident du destin des cités, avai
compris, vers cette époque, qu'il é
important de mettre à l'avance le Ha
à portée de profiter des avantages que
chemins de fer, et peut-être la canali
tion de la Seine, allaient procurer t
au commerce du dehors qu'au dévelo
pement intérieur. Ils avaient agi en co
séquence de cette sage prévision. Il fall

vant tout aggrandir les bassins, créer
n véritable port, déprisonner la ville.....

Plusieurs plans étaient proposés : l'un
arlait d'étendre la ville du côté des
laines de l'Heure et d'ouvrir une nou-
elle entrée à la pointe des Neiges; l'autre
ortait l'agrandissement vers Ingouville,
t, plaçant la question sur son véritable
errain, il établissait son principal bassin
ur le sol même occupé par les fortifi-
ations, avec une nouvelle entrée vers
épi Saint-Roch; un troisième propo-
ait de créer un dock sur les terrains
le la citadelle, sans toucher aux fortifi-
ations.

Les plans de MM. Frissard, Leberrier
t Ladvocat avaient chacun leurs avan-
ages, leurs inconvéniens; on leur fit su-
bir des modifications. Bref, un concours
ut ouvert, de nouvelles idées se déve-

loppèrent. La presse ne resta pas en
rière : elle avait indiqué la route, o
suivit. Une commission, composée
plus notables capacités de la ville,
toute classe et de tout rang, fut nomn
L'impartialité la plus sévère dicta la
cision qui obtint les suffrages unanin
et une fois le tout arrêté, on proc
sans retard à l'exécution.

De son côté le ministre de la gue.
homme probe et grand ennemi des *p*
de-vin, qui avait étudié par lui-même
localités, les positions et les besoins d
ville, se rendit sans peine à l'évide
D'accord avec les autorités, la marin
le commerce, il fit établir un systèm
défense qui conciliait l'intérêt général
pays avec celui de la ville en particu
Le beau fort de l'Éclat, qui termin
môle par lequel on a joint la pointe d

Hève au rocher de l'Éclat, pour préser-
ver la rade du courant; la citadelle et les
petits forts du Perrey, les forts du reste
de la côte, vers l'embouchure de la Seine,
ceux des hauteurs d'Ingouville et de Graville, qui complettent la ligne de défense,
sont là pour attester ce que peut notre
génie militaire livré à ses propres ressources et soustrait aux funestes influ-
ences de la centralisation. . . . .

. . . .

Des rues spacieuses et bien aérées, où
respirent et circulent à l'aise près de
80,000 habitans et des étrangers de tous
les pays; de beaux édifices publics, d'é-
légantes habitations particulières, bien
distribuées et pourvues de tout ce *confor-
table* qui faisait notre admiration en Angleterre; de jolies fontaines sans cesse
alimentées par les puits artésiens que la

compagnie Varnier avait fait creuse
Ingouville, et dont le conseil munici
a eu le bon esprit de se rendre propi
taire; l'hôtel-de-ville, près de l'empla
ment du vieux théâtre; la bourse, en
la nouvelle ville et l'ancienne, sur
grande place; l'hôtel de la marine, le c
lége, les marchés couverts, sont des r
numens généralement admirés. Mais
qui excite surtout l'admiration, ce s
les docks du commerce, qui surpass
tout ce que l'on peut imaginer de p
parfait en ce genre. Ceux de Sainte-Cat
rine, que nous visitions avec tant de s
prise à Londres, au tems de sa prospér
n'ont rien qui puisse leur être compa
Distribution intérieure, facilité des abo
et des communications, étendue des r
gasins, où les marchandises semblent
classer comme par enchantement : ri

n'y manque. On remarque surtout les caves, qu'un procédé simple et ingénieux a su mettre complettement à l'abri de toute infiltration : c'est un mortier dans la composition duquel entre le bitume solide, et que plusieurs propriétaires ont déjà employé avec succès dans différens quartiers. Les docks entourent le beau bassin d'Ingouville, qui s'étend de l'ancien cimetière Saint-Roch, où il communique à la mer par un chenal toujours rempli d'eau jusqu'au bassin Vauban, au rond-point de l'avenue de Graville et du chemin de fer de Paris. Le bassin Vauban, conçu dans de belles proportions, et sur les bords duquel on a réuni tout ce qui eût été d'un voisinage peu agréable pour les bassins de l'intérieur, communique au Hoc par un canal d'une large ouverture.

Ainsi, trois entrées à notre port : l'an-

cienne, près de la Floride (qui, au moy
d'une nouvelle direction des écluses, su
à nétoyer le chenal), celle de l'Éclat
celle du Hoc. Les navires entrent et s
tent par tous les vents. Les ancien
jetées ont été prolongées de plus d'
quart de lieue; et, grâce au rétablis
ment des épis, la plage du Perrey
désormais à l'abri des dégradations;
pouliers ont disparu et l'entrée de ce c
n'offre plus aucuns dangers à la navi
tion. Il est sans exemple, depuis longu
années, qu'aucun navire ait couru
moindre danger, soit en entrant, soit
sortant du Havre.

Rien de plus enchanteur aujourd'hi
pendant la belle saison, que le coup-d'c
de la rade et de tout ce côté de la vill
d'élégantes habitations s'élèvent en ai
phithéâtre circulaire jusqu'aux hauteu

'Ingouville, que couronnent les fortifi-
ations; au loin, sur les flots calmes et
ranquilles, d'élégantes yoles, diverse-
nent pavoisées, où nos dames viennent
e livrer au plaisir d'une navigation sans
)érils; de ce côté sont les bains de mer,
)ù la recherche la plus minutieuse n'a
·ien épargné de ce qui peut en faire un
éjour enchanteur : aussi sont-ils très-
'réquentés.

Ajoutes à tous ces embellissemens de
iotre port, les améliorations qui ont rap-
)ort au commerce, la facilité et la promp-
:itude des déchargemens, l'étendue et la
:ommode distribution des magasins, les
nille et une machines inventées pour
nultiplier les moyens de transport, la
;age réduction des droits; en un mot,
es prodigieuses ressources que présente
e Havre, les séductions qu'il réunit, et tu

te rendras raison sans peine de l'afflue

toujours croissante des étrangers d

cette charmante ville.

J'ai compté ce matin jusqu'à qui

bateaux à vapeur entrant dans le port

venant de Londres, de Pétersbourg,

Lisbonne, de Hambourg, etc., etc.

Faut-il te parler de nos cales couve

pour la mise à flot des navires, des ch

tiers de construction dans le faubourg

l'Heure, où l'on a réuni, sur les bords

canal, la mâture et tous les travaux

calfatage ? —

L'ancienne place de la mâture est m

tenant une terrasse que termine la gra

place, d'où la vue s'étend, d'un côté,

le bassin Vauban, et de l'autre, sur u

large rue qui conduit à la citadelle

Perrey. Une fontaine monumentale, s

montée de la statue de François Ier, f

lateur de la ville, occupe le milieu de cette place, qu'entourent de superbes maisons à arcades, avec de riches et somptueux magasins. C'est la promenade favorite de toute la belle société. Placée à la jonction de l'ancienne à la nouvelle ville, elle est traversée par la rue de Paris, qui, des hauteurs d'Ingouville, descend à la place des Pilotes, où elle vient rencontrer la promenade qui conduit à l'ancienne jetée.

Les rues du Havre sont, en général, bien percées et garnies de maisons d'une architecture gracieuse; d'abondantes fontaines y entretiennent un air frais et salubre.

Outre les places Casimir Delavigne, Bernardin-de-Saint-Pierre, Dicquemare et Winslow, qui rappellent au Havrais trois illustrations compatriotes et un bienfaiteur de leur pays, cette ville pos

encore deux squares : celui du palais

l'on avait eu un moment l'idée de c

truire un marché couvert, et celui c

nouvelle ville.

Nous avons deux salles de specta

l'une d'elles est exclusivement consa

au grand opéra et aux ballets; on

donné cet hiver plusieurs bals maso

très-brillans. A deux des extrémités

la ville sont des abattoirs bien aé

spacieux et isolés de toute habitat

Quelques personnes regrettent seulen

qu'ils ne soient pas plus rapprochés

collége. (1)

Nos bibliothèques publiques suffis

à peine aux nombreux lecteurs qui v.

nent s'y livrer à l'étude : l'une d'elles

(1) On admire en ce moment au Havre l'heureuse po

des abattoirs sous les murs du nouveau collége ! !

pécialement consacrée à la marine et au
ommerce.

L'observatoire de Graville mérite d'être
isité; outre les objets qu'on y rencontre,
n jouit, au sommet de ce monument,
'une vue des plus étendues sur la ville,
a rade et les côtes de la Basse-Norman-
ie. Le muséum d'histoire naturelle pos-
ède une collection fort riche, surtout en
iseaux du Nord. Le jardin botanique est
rès-fréquenté par nos dames dans la belle
aison.

Notre galerie de tableaux vient de s'en-
ichir de plusieurs ouvrages très-remar-
quables. On s'occupe en ce moment de
ormer un musée naval; je connais plu-
ieurs des modèles qui doivent y trouver
lace : ils sont d'un travail précieux.

Outre les collections publiques, le
Havre a bon nombre de collections et

de bibliothèques particulières: nos né
cians sont, comme tu sais, grands an
teurs de littérature, de sciences et d'a

Tu penses bien que nous ne manqu
pas de réunions musicales. Nous av
aussi plusieurs athénées où, deux fois
semaine, la foule se porte à des co
publics de littérature et de diver
sciences; nos dames, qui savent bien q
chaque connaissance qu'elles acquèr
est une grâce de plus, ne sont pas
moins assidues à ces leçons.

Où est le tems d'autrefois? Alors c'ét
je pense, en 1834, un Parisien avait
aussi l'idée d'ouvrir des cours publics
Havre: il crut bien faire en débutant
une science de première nécessité d
une ville de commerce. Pauvre hom
il en fut pour ses frais et ses annonc
à peine parvint-il à réunir une douzai

d'auditeurs à sa séance d'ouverture : un seul souscripteur se présenta pour suivre ses leçons; un seul !.... c'était un Suisse !

Aujourd'hui le goût des études littéraires et scientifiques est devenu une passion de notre jeunesse havraise; nos négocians possèdent de vastes connaissances, et la haute influence des députés de cet arrondissement sur les décisions de la chambre, est due moins à leur brillante éloquence qu'à une supériorité reconnue par tous leurs collègues.

Enfin, rien n'égale les agrémens de notre haute société, où les étrangers sont avides d'être présentés. Les dames en font les honneurs, avec cette urbanité simple et gracieuse qui est particulière à nos séduisantes françaises. Point de morgue, point de pédanterie; affables et bienveillantes pour tout le monde, elles cultivent les beaux arts et la littératur

comme d'agréables délassemens aux soi

de leur ménage.

Compares maintenant l'ensemble

ce tableau à ce que nous avons vu à Par

à Bordeaux, à Marseille, et dis-moi

ne faut pas que la France ait de bi

prodigieuses ressources pour arriver,

si peu de tems, à ce haut degré de p

fectionnement où nous la voyons.....

O France! O mon beau pays, que t

sol est fécond, quand il est bien culti

Arrière l'Amérique! Arrière la viei

Angleterre! Notre France, notre be

France a compris enfin tout ce qu'e

pouvait faire..... Un gouvernement écla

et patriote, un gouvernement fondé s

les véritables intérêts du peuple, loin

gêner en rien ce grand développement qui se manifeste en même tems sur tous les points, l'a favorisé de tout son pouvoir; les communes se sont entendues: elles ont voulu agir, elles ont agi...... En vain quelques traînards ont voulu arrêter le char du progrès : ils ont été entraînés dans sa course rapide, et le bon sens public en a fait justice.

Ici finit le manuscrit du vieux radoteur.

Habitans du Havre, si mon conte n'était pas aussi fantastique qu'il le paraît; s'il ne tenait qu'à vous de réaliser mon rêve ? —

Que vous en semble ?.....